LA
RÉGION NORD-EST DU TONKIN

CONFÉRENCE

PAR

M. GUÉRIN

LIEUTENANT D'INFANTERIE DE MARINE

BERGER-LEVRAULT & Cⁱᵉ, ÉDITEURS

PARIS	NANCY
5, rue des Beaux-Arts	18, rue des Glacis

1892

LA

RÉGION NORD-EST DU TONKIN

NANCY, IMPRIMERIE BERGER-LEVRAULT ET Cie

LA

RÉGION NORD-EST DU TONKIN

CONFÉRENCE

PAR

M. GUÉRIN

LIEUTENANT D'INFANTERIE DE MARINE

BERGER-LEVRAULT & Cie, ÉDITEURS

PARIS	NANCY
5, rue des Beaux-Arts	18, rue des Glacis

1892

LA
RÉGION NORD-EST DU TONKIN

Messieurs,

Le Tonkin, vous le savez, est constitué par un vaste delta entouré de montagnes.

Le delta est maintenant connu et a été souvent décrit.

Les régions montagneuses, à l'exception des plus voisines du delta, n'ont été explorées et occupées par nous que depuis l'hiver de 1887-1888. Elles sont encore très peu connues en France et ne figurent pas sur la plupart des cartes.

C'est précisément d'une partie de ces régions que je vais vous entretenir, de celle qui s'étend au nord de la ligne Tuyen-Quan Lang-Son, jusque la frontière chinoise.

Elle a une superficie de plus de 20,000 kilomètres carrés et se trouve occupée presque entièrement par l'extrémité sud de la chaîne de montagnes qui sépare le bassin de la Rivière de Canton de celui du Fleuve Rouge.

J'ai séjourné pendant près de trois ans dans cette région nord-est du Tonkin, je l'ai parcourue en tous sens, chargé des fonctions d'officier de topographie et de renseignements, et c'est sur place que j'ai recueilli et noté tout ce dont je vais vous parler.

Permettez-moi de vous donner d'abord un aperçu très

sommaire de la géologie du pays. Cette description, un peu aride, a son importance dans une région qui est, par excellence, la région minière du Tonkin.

La série des terrains que l'on rencontre dans tout le nord-est du Tonkin présente les plus grandes analogies avec les formations qui ont été décrites dans le voisinage des mines de houille du littoral tonkinois.

Ces terrains sont de bas en haut :

1° Les granits et les gneiss formant l'ossature de la chaîne principale.

2° Les schistes anciens, verdâtres ou gris bleuté. On ne les trouve que dans le fond des vallées tributaires du Song-Gam.

3° Les terrains dévoniens, caractérisés par des talc-schistes, parfois argileux, gris ou lilas ; par des grès bleuâtres, quartzeux, avec intercalation de filons de quartz ou d'oxyde de fer.

Les talc-schistes passent en certains endroits, entre Bac-Me et Ha-Yang, à l'état graphiteux, noir et brillant.

Les quartz sont souvent aurifères.

Le terrain dévonien est surtout développé dans les bassins du Song-Gam et de la Rivière Claire.

4° Le calcaire carbonifère, cristallin, gris ou rose pâle et quelquefois blanc saccharoïde. Il forme d'énormes massifs rocheux, fortement soulevés et disloqués, avec des escarpements d'une très grande élévation, percés souvent de vastes cavernes.

Ces masses rocheuses sont disposées en longues chaînes parallèles, à crête dentelée, formant des vallées étroites et profondes, d'aspect très sauvage.

5° Le terrain permien, constitué par des assises de grès jaunâtre et, à la partie supérieure, par des schistes et des argiles.

La partie inférieure de ce terrain, développée surtout dans les environs immédiats de Cao-Bang, est constituée

par des assises de grès à gros éléments de quartz blanc,
des conglomérats et des grès plus ou moins cimentés par
l'oxyde de fer. Elle présente une grande analogie avec le
terrain houiller décrit par M. Sarran, ingénieur des mines, dans son étude sur le bassin houiller du Tonkin, et
pourrait être l'indice d'une formation houillère.

On a rencontré également, dans les environs des postes
de Ha-Lang et de Trong-Khan-Phu et dans la vallée du
Song-Gam, des schistes noirs pouvant appartenir au terrain houiller.

Enfin un affleurement de houille a été signalé dans une
petite vallée un peu à l'est de Lang-Son.

Le terrain permien forme des collines très élevées à
sommets arrondis et dénudés, dans les bassins de la rivière de Cao-Bang et du Sông-Ki-Kong. Il se prolonge,
en Chine, au delà de Long-Tchéou.

Ces divers terrains ont été, en bien des endroits, bou-
leversés par des éruptions de roches ignées qui ont été
accompagnées de la formation de nombreux filons métal-
liques : or, argent, plomb, étain, fer.

Ces filons se rencontrent principalement aux abords de
la grande ligne de faîte de la région que nous étudions.

Ceci dit sur la constitution du sol, voyons quel est le
relief des montagnes et leur disposition.

Ainsi que je l'ai dit plus haut, la partie dominante du
système orographique de cette contrée est formée par la
ligne de faîte qui sépare le versant chinois du versant
tonkinois.

Cette chaîne fait suite aux montagnes du Yun-Nan et
se prolonge sur le territoire tonkinois, vers le sud-est,
jusqu'à la mer.

Dans sa partie nord, elle est constituée par d'énormes
massifs calcaires dont les sommets doivent atteindre
1,800 à 1,900 mètres d'altitude.

Elle s'abaisse progressivement vers le sud et ne forme

plus aux environs de Lang-Sơn que de longues collines dénudées, ne dépassant guère l'altitude de 500 mètres.

De cette chaîne principale se détachent de nombreux contreforts rocheux ou mamelonnés qui couvrent toute la région, ne laissant entre eux que de longues vallées étroites et profondes.

Cette disposition donne au pays une configuration toute particulière et très accidentée. On n'y trouve ni grandes plaines, ni grands plateaux.

Lorsqu'on s'élève sur un point culminant, on aperçoit tout autour un véritable chaos de mamelons ou de pics rocheux qui surgissent les uns derrière les autres, jusqu'à l'horizon.

Ces massifs montagneux sont arrosés par cinq grandes rivières, sur lesquelles il y a lieu de donner quelques détails, car elles ont une grande importance au point de vue des communications et des transports qui se font surtout par eau.

Ces rivières sont : la Rivière Claire et le Sông-Gam, sur le versant ouest; le Sông-Qui-Thuan, le Sông-Bang-Giang et le Sông-Ky-Kong, tous trois affluents de la Rivière de Canton, sur le versant est.

La Rivière Claire, qui prend sa source en Chine où elle traverse, à trois jours de la frontière, l'importante ville chinoise de Khai-Hoa, est déjà un beau cours d'eau en arrivant sur notre territoire. Malheureusement son lit est semé de rochers et de rapides et la navigation y est fort difficile et périlleuse, surtout en été. En hiver, de petits bateaux remontent chargés, de Hanoï au poste de Ha-Yang, près de la frontière, en un mois environ. A la descente, le courant est tel qu'il ne faut que deux ou trois jours pour arriver à Tuyen-Quan.

Le Sông-Gam est un gros affluent de la Rivière Claire, qu'il rejoint un peu en amont de Tuyen-Quan. Il prend sa source en Chine, près de la frontière, passe dans une succession de gorges étroites, entre des murailles à pic, de plusieurs centaines de mètres d'élévation, et a, dans une grande partie de son cours, une allure très torrentueuse qui rend la navigation fort difficile. Les indigènes se servent, pour y naviguer, de petites pirogues creusées dans des troncs d'arbres. Ils les manœuvrent avec une très grande habileté et ne craignent pas de s'aventurer au milieu des rapides les plus violents.

Le Sông-Gam reçoit, par un de ses affluents, le Sông-Nang, les eaux d'un petit lac assez curieux, le lac Ba-Bê (en annamite, les trois mers). D'après les légendes indigènes, ce lac se serait formé subitement, il y a quelques siècles, en engloutissant trois villages dont les habitants avaient tué un buffle blanc, incarnation de Bouddha. Quoi qu'il en soit, cette petite nappe d'eau, d'environ 10 kilomètres de long sur 1 kilomètre de large, avec sa bordure de rochers boisés, ses petites criques, ses îlots couverts de maisons, ses pirogues montées par des pêcheurs, est très pittoresque et rappelle les petits lacs des Vosges.

Le Sông-Qui-Thuan est une belle rivière, de 60 à 80 mètres de large, qui vient de Chine et traverse pendant environ 30 kilomètres le territoire du Tonkin.

Cette rivière, malgré son importance, n'est pas navigable par suite de grandes chutes qui barrent son cours. La plus importante de ces chutes est une véritable merveille. Toute la masse de la rivière s'élance dans le vide, d'une hauteur d'environ 60 mètres, et se brise avec un grondement de tonnerre, au milieu de gros nuages de vapeurs qui s'élèvent en colonnes vers le ciel. Cette chute, encadrée par de grands rochers boisés, forme un tableau des plus grandioses.

Le Sông-Bang-Giang et le Sông-Ki-Kong sont les deux rivières les plus importantes de la région nord-est. Elles passent, l'une à Cao-Bang, l'autre à Lang-Son, et se réu-

nissent en Chine à Long-Tchéou, où elles forment une
des branches de la Rivière de Canton.

Ces deux rivières ont, comme les précédentes, un cours
très torrentueux; mais leur volume d'eau est plus considérable et, malgré les rapides nombreux, la navigation y
est assez active.

Des sampans, jaugeant 2 et 3 tonnes, naviguent facilement entre Cao-Bang et Na-Cham, point où cesse la navigation du Sông-Ki-Kong.

Toutes ces rivières coulent, en général, dans des vallées très encaissées, présentant, de loin en loin, de vastes
élargissements qui paraissent avoir été occupés autrefois
par des lacs dont les eaux se seraient écoulées.

La plupart des affluents de ces rivières sont des torrents
sans grande importance, bondissant au milieu des rochers
et coupés de nombreuses cascades.

Le régime des eaux est très variable suivant les sai-
sons. Pendant l'hiver, d'octobre à mars, le niveau des
cours d'eau est au plus bas. On peut les franchir à gué en
beaucoup d'endroits. Pendant l'été, au contraire, les pluies
donnent un volume d'eau très considérable et toutes les
rivières deviennent très importantes. La navigation y est
surtout active avec les eaux moyennes.

La région nord-est du Tonkin, telle que je viens de la
décrire, est essentiellement un pays de montagnes. Cette
particularité influe considérablement sur son climat qui
devrait être tropical par sa situation géographique. La
frontière nord du Tonkin passe, en effet, à quelques mi-
nutes au sud du tropique.

L'altitude, qui n'est presque nulle part inférieure à
300 mètres, modifie la température dont la moyenne est
moins élevée que dans le delta. Le thermomètre dépasse
rarement, en été, 35° dans les vallées les plus basses et
31° sur les montagnes. En hiver, il descend dans le voisinage de 0° et même au-dessous, suivant l'altitude.

Les mois les plus chauds sont ceux de juin et de juillet. Les grandes chaleurs cessent vers la fin de septembre pour ne reprendre qu'au commencement de mai. La chaleur est rarement très pénible à supporter. On peut faire des voyages en plein été, en prenant la précaution de bien s'abriter du soleil au moyen de bonnes coiffures et de parasols et en s'arrêtant pendant les heures les plus chaudes de la journée. J'ai fait ainsi de très longues courses en été sans en avoir jamais été incommodé.

Les hivers sont généralement très beaux et très secs. La température est alors fort agréable : froide pendant la nuit et modérée pendant le jour. Elle est comparable à celle de la Provence, mais plus régulière.

Les pluies sont très abondantes en été, surtout au mois d'août, et presque nulles en hiver. Les orages ne sont pas bien fréquents, mais d'une violence extraordinaire.

L'air est beaucoup moins humide que dans le delta, surtout en hiver.

Les vents dominants sont ceux du Sud-Est en été et du Nord-Est en hiver. Les coups de vent sont rarement d'une grande violence, à cause des montagnes.

En résumé, le climat de la région nord-est du Tonkin est relativement tempéré et facile à supporter pour les Européens qui peuvent s'y porter très bien pendant de longues années avec de bonnes installations et une bonne hygiène. Les nombreux cas de maladie, constatés parmi les troupes, ont été dus en grande partie aux mauvais logements, aux fatigues et aux privations éprouvées pendant les marches qu'on est très souvent obligé de faire par la chaleur et souvent dans de mauvaises conditions hygiéniques. C'est une conséquence forcée de l'état de guerre et d'un premier établissement, et cela ne doit nullement être imputé au climat. Il est très probable qu'une campagne faite en Europe dans les mêmes conditions donnerait des résultats sanitaires aussi peu satisfaisants.

Je viens de vous faire la description du pays ; voyons maintenant quels sont ses habitants.

La population de la région nord-est du Tonkin est constituée par plusieurs races diverses : les Annamites, les Thôs, les Nùngs, les Chinois, les Mans.

Les Annamites ne sont guère représentés que par quelques hauts fonctionnaires venus du delta et par leur suite.

Les Thôs forment le fond de la population. Ils diffèrent notablement, comme race, des Annamites. Ils sont plus grands, plus robustes, plus actifs. Leur visage est moins aplati et moins efféminé. Ils ont la peau plus blanche et n'ont pas, comme les Annamites, l'horrible coutume de se laquer les dents en noir. Ils sont généralement beaucoup plus propres et vêtus d'une façon plus soignée. Leurs vêtements consistent en un large pantalon flottant, qu'ils serrent dans des jambières en toile pour les marches longues, et en une sorte de blouse ouverte en avant. Les étoffes les plus répandues sont les cotonnades bleues, teintes à l'indigo. Cette couleur se retrouve partout dans le pays montagneux et peut servir à distinguer les habitants des Annamites du delta dont les vêtements sont teints en brun. Le costume des femmes est à peu près le même que celui des hommes, seulement la blouse est un peu plus longue. Les hommes portent, comme chez les Annamites, tous leurs cheveux roulés en chignon derrière la tête avec un turban. Les femmes se contentent de ramener les cheveux en arrière et de les enrouler autour de la tête, dans un turban très étroit. Les bijoux d'argent sont très communs ; presque toutes les femmes portent des bracelets, des boucles d'oreilles, des bagues ou de grandes épingles à cheveux.

Les Thôs habitent de préférence les grandes vallées où ils se livrent à la culture des rizières. Ils sont dispersés dans de petits villages entourés de haies de bambous et de parapets en terre. Leurs maisons sont construites en bois sur pilotis, à environ 2 mètres du sol, et couvertes en tuiles rouges.

Ils ont des mœurs très douces et ont souvent à subir les déprédations des pirates chinois. Ils ont organisé des espèces de milices communales et se portent secours d'un village à l'autre en cas d'attaque. Notre arrivée a été considérée par eux comme une délivrance, et ils nous ont partout fait le meilleur accueil. Par les renseignements et l'appui qu'ils nous ont fournis, ils ont été d'un grand secours pour la pacification du pays et pour le ravitaillement de nos postes.

La langue des Thôs diffère complètement de l'annamite et du chinois et paraît avoir beaucoup de ressemblance avec la langue siamoise. Elle a, comme l'annamite, différents tons ; mais il est moins nécessaire de bien les observer pour se faire comprendre. J'ai pu recueillir un grand nombre de mots de cette langue et j'étais arrivé, sans trop de difficulté, à me faire facilement comprendre des indigènes. Cette langue est parlée non seulement dans toute la partie montagneuse du Tonkin, mais encore dans la vallée de Si-Kiang, jusque Nam-Ning-Phu.

Les Nungs constituent une race intermédiaire entre les Chinois et les Thôs. Ils parlent à peu près la même langue que ces derniers ; mais ils ont les traits beaucoup plus accentués et se rapprochant du type chinois. Comme les Chinois, ils portent une longue tresse, mais sans se raser la tête. Ils habitent, en général, les hautes vallées des montagnes rocheuses où ils cultivent le riz et le maïs. Leurs villages ne sont pas fortifiés et, en cas de danger, ils se retirent dans des grottes ou sur les rochers.

Nous avons toujours eu de bonnes relations avec eux, mais moins cordiales qu'avec les Thôs. Ils montrent toujours une certaine défiance quand nous passons chez eux.

Les Chinois se rencontrent un peu partout. Ils se livrent

à l'industrie, au commerce ou à la piraterie. On en trouve dans tous les centres importants. Ils sont très actifs et entreprenants et, quoique relativement peu nombreux, ils ont une grande influence dans le pays. Traités adroitement, ils pourront servir beaucoup à rendre au pays son ancienne prospérité. Ils rendent déjà de grands services pour les entreprises de travaux, les transports, le commerce et l'industrie, etc.

Ceux contre lesquels nous avons encore à lutter et que nous appelons les pirates sont les débris des anciennes bandes de Pavillons Noirs. Ce sont des gens qui veulent vivre aux dépens des populations paisibles. Ils s'installent dans une position bien choisie et rançonnent tous les villages voisins où ils commettent mille atrocités. Ils massacrent les hommes et enlèvent les femmes et les enfants qu'ils vont vendre en Chine. C'est une des principales causes de la dépopulation du pays.

Notre arrivée les a déjà fortement gênés, et ils ont dû se retirer dans les parties les plus inaccessibles des montagnes, où ils ont une existence très précaire. Ils finiront bientôt par disparaître complètement, lorsque nous aurons amélioré les voies de communications, ce qui permettra d'atteindre leurs bandes plus facilement. Un certain nombre de chefs ont déjà trouvé plus avantageux de faire leur soumission, et les autres, traités avec habileté, ne tarderont pas à suivre leur exemple.

Les Mans forment une race très différente des précédentes. Ils ont la tête plus ronde, le visage plein et même un peu bouffi ; leurs traits se rapprochent de ceux des Européens. La race des Mans présente, dans la région que nous étudions, plusieurs variétés assez tranchées, se distinguant par les dialectes et le costume. Les peuplades manes habitent de préférence les régions les plus sauvages et les plus montagneuses. Les Mans aiment la vie indépendante et un peu nomade. Ils défrichent quelques champs dans la montagne et installent à côté leurs villages composés de misérables cabanes en bois. Quand leurs champs sont épuisés, ils se transportent plus loin et construisent un nouveau village. Ils vivent de maïs et de riz de montagne. Ils restent presque toujours dans leurs rochers et ont très peu de relations avec les habitants des plaines.

Ils ont encore des armes très primitives : des arbalètes avec des flèches empoisonnées et des fusils à mèche.

Leurs femmes brodent sur leurs vêtements des ornements rouges, jaunes ou bleus assez bizarres et variant avec les peuplades.

Ils se montrent assez défiants vis-à-vis de nous, mais sans faire acte d'hostilité lorsque nous passons chez eux.

Les populations appartenant aux diverses races qui viennent d'être passées en revue sont très dispersées et souvent mélangées les unes aux autres, soit dans les mêmes villages, soit dans des villages voisins. Elles sont réparties sur la surface du territoire d'une façon très variable. Les parties les plus peuplées sont les bassins du Sông-Ki-Kong et du Sông-Bang-Giang, les environs de Ngan-Sơn, Chơ-Ra et Bao-Lac, et la vallée de la Rivière Claire.

Quant à la vallée du Sông-Gam et aux massifs montagneux qui en bordent le cours, ils sont presque déserts. Les pirates ont passé par là et tout détruit. Les hommes ont été massacrés et les femmes enlevées et vendues en Chine. On trouve à peine la trace des anciens villages.

La région que nous étudions fait partie de quatre provinces du Tonkin : celles de Lang-Sơn et de Cao-Bang en entier et celles de Tuyen-Quan et de Taï-Nguyen en partie seulement.

La province de Lang-Sơn est relativement florissante. La tranquillité y est presque complète. La population est assez dense. Les villages, très nombreux, sont partout entourés de belles rizières. Les habitants paraissent aisés.

Les principaux centres de la province sont Lang-Sơn et That-Khé.

Lang-Sơn, avec sa citadelle où on a construit de belles casernes et un hôpital, ses forts, sa résidence, ses quelques maisons européennes, récemment construites par des négociants français, a déjà l'aspect d'une petite ville. Elle est destinée à acquérir très prochainement beaucoup plus d'importance, par suite de la construction du chemin de fer qui doit la relier à la mer et se prolonger jusque la frontière chinoise; Lang-Sơn est déjà reliée avec Long-Tchéou et les villes de la vallée du Si-Kiang par le télégraphe électrique.

That-Khé, situé au milieu d'une grande plaine très fertile, couverte de villages, est un centre assez important pour les relations par bateaux avec la Chine.

La province de Cao-Bang est moins florissante que la précédente. Cela est dû surtout au peu de sécurité qui y règne, car elle semble avoir été autrefois très prospère, à en juger par les restes de grands travaux qu'on y rencontre partout : ponts en pierre, routes pavées, pagodes, citadelles immenses en briques, fortins, etc. Elle ne peut manquer de retrouver avec la tranquillité son ancienne splendeur. Déjà, depuis notre arrivée dans le pays, Cao-Bang a presque doublé et tend à devenir une petite ville.

Cao-Bang est le centre le plus important, mais ne compte guère qu'un millier d'habitants. On y a installé un résident civil au commencement de l'année 1890.

La région faisant partie de la province de Tuyen-Quan, comprend les bassins du Sông-Gam et de la Rivière Claire. Elle est très peu peuplée. On n'y trouve que deux petits centres méritant d'être mentionnés : Bao-Lac et Ha-Yang.

Bao-Lac, très prospère il y a 20 ou 30 ans, a été ruinée

par les pirates et commence à peine à se relever depuis notre arrivée. Ce n'est qu'un gros village sans importance.

Ha-Yang, qui était autrefois une grande ville, a été détruite complètement et ne forme plus qu'un misérable petit village.

Le territoire appartenant à la province de Thai-Nguyen est très peu étendu et n'est peuplé que dans les environs immédiats de Cho'-Ra, gros village où nous nous sommes installés à la place d'un chef pirate.

Les populations dont je viens de parler ont pour principale occupation l'agriculture. Celle-ci a dû être autrefois très prospère dans tout ce pays, à en juger par les traces de rizières abandonnées qu'on rencontre partout, même sur les flancs des montagnes les plus élevées.

Les incursions des pirates chinois ont ravagé et dépeuplé le pays et, maintenant, on trouve d'immenses étendues de territoire incultes et désertes.

Dans les régions où les indigènes ont pu conserver une certaine sécurité, ils se livrent très activement au travail de la terre.

Les principales cultures sont :

Le riz. Il est cultivé non seulement dans les grandes vallées, mais dans les petites gorges des montagnes rocheuses et même sur le flanc des mamelons, où les indigènes construisent des séries de gradins en cuvette dans lesquels ils amènent l'eau des sources plus élevées avec des rigoles en bambous. Les terrains cultivés ainsi ont l'aspect de plans en relief à gradins.

Le riz étant une des principales productions du pays, j'entre dans quelques détails sur la manière de le cultiver.

On fait arriver l'eau dans les rizières au printemps pour détremper la terre et on laboure dans l'eau avec des charrues primitives, sans roues, traînées par des buffles.

Le riz, semé en pépinière, est ensuite repiqué brin à brin, généralement par les femmes.

On conserve, avec le plus grand soin, une hauteur d'eau d'environ 10 centimètres dans les rizières, jusqu'à l'époque de la maturité qui a lieu en octobre. A ce moment, on met les rizières à sec et on fait la moisson. On se contente de récolter le grain qu'on bat sur place en frappant les gerbes contre des nattes placées de chaque côté de grandes auges en bois où tombe le riz.

Le paddy ou riz non décortiqué est conservé dans de grands paniers en bambous ou dans des sortes de greniers en bois montés sur pilotis. On le décortique, au moment du besoin, en le brisant avec de lourds pilons en bois dans des mortiers également en bois.

Le riz de montagne. — Il ressemble beaucoup, comme plante, au riz ordinaire, mais le grain est gluant et il pousse dans les terrains secs. Il est cultivé surtout par les Mans, sur les pentes des hautes montagnes.

Le maïs. — Il remplace le riz dans les endroits où on ne peut pas amener ou conserver l'eau en permanence. C'est la principale culture des hautes vallées rocheuses.

Le blé noir. — Le blé noir est cultivé en grande quantité dans les pays rocheux pendant l'hiver.

Les haricots. — Il en existe plusieurs espèces analogues à celles d'Europe. On les cultive beaucoup sur les montagnes les plus élevées de la province de Cao-Bang.

Les pois. — On les cultive, en petite quantité, dans les jardins.

La pomme de terre. — La pomme de terre indigène est petite, rougeâtre et moins savoureuse que la nôtre. On ne la trouve que dans les environs de Ha-Yang.

La patate. — Il en existe plusieurs variétés. Quelques-unes sont très peu sucrées et peuvent remplacer la pomme de terre.

Le radis blanc. — Il ressemble au radis d'Europe et est très apprécié des indigènes.

Les courges, les *potirons,* les *tomates,* les *aubergines* sont cultivés partout.

Le coton. — Il est cultivé dans presque tous les villages et sert à la confection des vêtements.

Le mûrier. — On le cultive un peu autour de Cao-Bang pour élever quelques vers à soie.

Le chanvre. — On en trouve un peu sur les hautes montagnes.

L'indigo. — Plusieurs plantes herbacées fournissent l'indigo aux indigènes qui s'en servent beaucoup pour teindre leurs tissus.

Le cumao. — C'est un gros tubercule qui fournit une teinture brune et fait l'objet d'un grand commerce avec la Chine. Il se trouve abondamment dans la province de Cao-Bang, surtout dans les montagnes, où les Mans vont le chercher.

La canne à sucre. — Elle vient très bien dans toute la vallée du Sông-Bang-Giang, mais est surtout cultivée en Chine.

Le bétel. — Il n'est cultivé qu'en petite quantité. D'ailleurs, les Thôs ne le mâchent pas comme les Annamites.

L'aréquier. — On ne rencontre l'aréquier que très peu, seulement dans la basse vallée du Sông-Gam.

Le ricin et l'arachide. — On les cultive beaucoup pour faire de l'huile.

La badiane. — La badiane, ou anis étoilé, fournit par distillation une huile très employée en parfumerie et donnant lieu à un grand commerce entre la Chine et l'Europe. Elle est cultivée en grande quantité dans les environs de Lang-Son et un peu dans la province de Cao-Bang.

Le poirier, le pêcher, le prunier. — Ces arbres sont cultivés partout autour des villages, mais les indigènes ne les greffent pas et leurs fruits sont peu savoureux.

La vigne. — Elle pousse à l'état sauvage dans toutes les régions rocheuses, au milieu des bois. Le raisin est très noir et sucré, mais à pulpe très épaisse. Les indigènes le récoltent pour le manger. Ils ne savent pas en faire du vin.

Les châtaigniers et *les chênes* poussent très bien dans les parties élevées du pays.

Les arbres tropicaux : *bananiers, manguiers, ananas,* etc., ne donnent que des fruits de qualité médiocre.

Les goyaves, les oranges, les mandarines, les citrons se trouvent partout en abondance.

Le thé et *le tabac* ne se rencontrent presque nulle part.

Le bambou, au contraire, est très commun.

Après les productions du sol, voyons les animaux.

Les animaux domestiques sont :

Le cheval. — Il est très petit ; sa taille ne dépasse guère $1^m,20$; mais, malgré cela, il est très vigoureux, résistant à la fatigue et facile à nourrir ; son adresse, pour franchir les passages difficiles dans les sentiers rocheux, est extraordinaire. Il se vend, en moyenne, 100 fr. sur la frontière de Chine.

Le mulet. — Il est de petite taille, comme le cheval. On le trouve en Chine et dans les environs de Ha-Yang où on s'en sert pour les transports.

Le bœuf. — Il est beaucoup moins gros que celui d'Europe. Les indigènes ne le mangent pas et s'en servent pour labourer les terres sablonneuses.

La vache ne donne que très peu de lait.

Le veau, mal nourri, fournit une chair très médiocre.

Le buffle. — On ne le rencontre guère que dans les vallées où on l'emploie à la culture des rizières. Il est plus gros et plus fort que le bœuf.

Le mouton. — Il est de qualité très médiocre ; on le

.rouve seulement à Bao-Lac et à Ha-Yang, venant de Chine.

Le porc. — Les indigènes en élèvent de grandes quantités, en liberté, autour des villages.

La volaille. — Les poules, chapons, canards, oies, pigeons sont semblables à ceux d'Europe et très abondants.

La chèvre. — Elle est assez commune, mais de petite taille.

Le chien, le chat, etc.

Les animaux sauvages sont :

Les fauves : tigres, panthères, chats-tigres, etc.

L'ours noir, de petite taille ; *le sanglier.*

Le cerf, le chevreuil, etc.

Le paon, le faisan, la perdrix, la caille, la tourterelle, la poule sauvage, le canard sauvage, la sarcelle, la bécasse et la bécassine, l'aigrette, la perruche, etc.

De nombreuses variétés de singes se rencontrent dans les forêts où ils vivent en bandes.

Les serpents dangereux sont rares.

Les rivières sont très poissonneuses.

L'énumération que je viens de faire vous montre qu'il y a beaucoup d'analogie entre l'ensemble des produits agricoles et des animaux du haut Tonkin et ce qui existe en France.

Voyons maintenant comment les indigènes utilisent industriellement les produits de leur sol.

L'industrie est très peu développée dans tout le nord du Tonkin et ne s'y présente que sous forme de très petites industries locales.

L'industrie minière y a été très florissante autrefois; mais elle est à peu près complètement tombée aujourd'hui par suite des incursions des pirates. Les gisements miniers sont très nombreux.

Les principaux sont :

Les mines d'or à Ha-Hieu, à Ban-Khau, à Nguyen-Binh,

à Tinh-Tuc, à Cho-Bo, etc. Les indigènes y recueillent encore, de temps en temps, quelques paillettes en lavant les sables, et ils en fondent des bijoux.

Les mines d'argent à Ngan-Sơn, à Phuc-Sơn, à Mo-Thuong, etc. Ces mines ont été le théâtre d'une grande exploitation, il y a quelques années, ainsi qu'en témoignent les amas de scories considérables qui les environnent.

La mine de Ngan-Sơn (plomb argentifère) va être exploitée de nouveau par un industriel français, M. Bédat, qui y a fait des fouilles en 1889 et en a déjà retiré une certaine quantité de minerais.

Les mines d'étain. — La mine de Tinh-Tuc fournissait, il y a quelques années, un étain très renommé jusqu'en Chine.

Les mines de fer. — Le fer se rencontre sur un très grand nombre de points, sous forme de grosses masses oxydées, disposées en couches très épaisses.

Les indigènes l'exploitaient, avant notre arrivée, à Moxat où se trouvait une importante fonderie de marmites en fonte, dirigée par un Chinois. Le minerai de fer était traité au charbon de bois, dans de petits fours, et la fonte coulée dans des moules en terre.

Cette usine a disparu après la fuite de son propriétaire, qui avait pris parti contre nous, et depuis on se fournit de marmites en Chine.

L'industrie forestière est très rudimentaire, bien que les matières premières ne lui manquent pas. Il existe, en effet, de très belles forêts, surtout dans les régions rocheuses et dans les bassins du Sông-Gam et de la Rivière Claire. Ces forêts ne sont pas exploitées régulièrement. Les indigènes ou les Chinois installent de petites exploitations le long des grands cours d'eau, forment des radeaux avec de belles pièces de bois et les font descendre au fil de l'eau pour les vendre dans les régions privées de bois. Ce commerce a une certaine importance sur le Sông-Bang-Giang.

On trouve également du côté de Ha-Yang de grandes forêts de magnifiques bambous que les indigènes emploient à toutes sortes d'usages.

Les industries alimentaires existent partout, mais en petites quantités. Chaque famille prépare elle-même les matières premières nécessaires pour sa nourriture. Dans toutes les maisons on trouve des mortiers et des pilons à riz, des moulins à maïs formés d'une petite meule qu'on fait tourner à bras.

Il existe cependant, dans les endroits très fréquentés, des espèces d'auberges, des charcutiers et des restaurateurs qui préparent un déjeuner complet pour quelques sous.

On fabrique également, dans certains endroits, du sucre, de l'eau-de-vie, de l'huile.

Il existe des fabriques de sucre dans la vallée de Sông-Bang-Giang, près de la frontière.

La fabrication est très simple et les produits, d'ailleurs, très médiocres. Les cannes à sucre sont broyées entre deux gros cylindres en bois cannelés, mis en mouvement par des buffles. On recueille le jus dans des auges en bois et on le porte dans de grandes marmites en fer où on le fait bouillir. On le laisse ensuite refroidir et on obtient des plaques brunes ressemblant très peu à du sucre.

Les Chinois savent mieux le fabriquer et obtiennent un sucre cristallisé en poudre plus ou moins blanche.

La fabrication de l'eau-de-vie se fait en assez grande quantité par la distillation du riz fermenté dans des alambics très primitifs. Les indigènes se servent de l'eau-de-vie de riz comme boisson, en mangeant, concurremment avec le thé. Les Chinois, en particulier, peuvent en supporter impunément de très grandes quantités. Ils aiment aussi beaucoup nos liqueurs fortes et notre vin de Champagne, et en absorbent d'énormes rasades lorsqu'ils sont invités par nous.

On fabrique l'huile en écrasant les graines d'arachide et de ricin dans des presses.

Les indigènes fabriquent, dans toute la haute région, des tissus de coton, en travaillant eux-mêmes le coton qu'ils récoltent.

Dans la plupart des maisons on trouve les instruments servant à carder, tisser et filer le coton. Les métiers à tisser sont manœuvrés par les femmes. Ils sont très ingénieusement construits et ressemblent un peu à nos anciens métiers.

Les pièces de coton terminées sont teintes à l'indigo.

L'indigo est fabriqué surtout dans les régions rocheuses par les Nungs et les Mans qui vont le vendre sur les marchés.

Dans certaines régions, surtout chez les Mans, les femmes brodent sur les tissus des figures géométriques avec des fils de couleurs généralement rouges ou jaunes.

La soie se rencontre très peu ; il existe à Cao-Bang une petite fabrique de fils de soie, mais ses produits sont presque insignifiants et médiocres.

Les indigènes fabriquent aussi, pour l'hiver, des vêtements ouatés et des couvertures avec du coton cousu entre deux étoffes.

L'industrie du logement, comme les autres, est très simple.

Les habitations varient un peu avec les différentes races.

Les Chinois habitent des maisons en briques, étroites et profondes, partagées en petits compartiments obscurs, pour se mettre à l'abri de la grande chaleur.

Les Thôs et les Nungs construisent de vastes habitations en bois à un étage, souvent couvertes en tuiles rondes.

Les Mans se contentent de maisons peu élevées et sans étage, et couvertes en paillottes.

L'ameublement est très rudimentaire. Il consiste le plus souvent en lits de camp en bambous sur lesquels on étend des nattes.

Chez les Chinois et les gens riches on trouve aussi des tables carrées et des bancs ou des chaises en bois.

Les édifices consacrés au culte, les pagodes, sont très nombreux dans certaines régions, surtout celles de Lang-Sơn et de Cao-Bang.

Ce sont souvent de belles constructions en pierre et en briques couvertes en tuiles. Elles se composent générale-ment de deux grandes salles rectangulaires, placées pa-rallèlement et séparées par une cour intérieure. Celle-ci est fermée par de petits bâtiments qui réunissent les deux grandes salles l'une à l'autre. Le toit des salles est sou-tenu par des colonnes en bois de fer. On trouve souvent sur les murs des fresques avec des personnages et des élé-phants. Une sorte d'autel s'élève dans le fond et supporte des statues et des brûle-parfums.

Nous connaissons maintenant les produits du haut Tonkin ; passons aux relations commerciales.

Le commerce, comme l'industrie, ne se fait pas sur une grande échelle.

Les indigènes ont peu de besoins et produisent sur place tout ce qui leur est nécessaire. En outre, les voies de communication et les moyens de transport sont très primitifs et ne permettent pas l'établissement de relations commerciales importantes.

Les voies de communication principales sont les riviè-res ; malheureusement la navigation y est difficile à cause des rapides.

Le Sông-Ki-Kong, en aval de Na-Cham, et le Sông-Bang-Giang, par leur réunion à Long-Tchéou, forment la voie navigable la plus importante de la région. Par suite d'une convention avec la Chine, nos bateaux peuvent y circuler librement, sur le territoire chinois, moyennant un léger droit de douane. J'en reparlerai à propos de nos relations avec la Chine.

La Rivière Claire et le Sông-Gam ne sont navigables que pour des pirogues ou de très petits sampans. Les rapides y rendent la navigation très dangereuse et nécessitent parfois des transbordements de marchandises. En outre, ces deux rivières ne sont plus navigables au voisinage de la frontière chinoise.

Les autres voies de communication sont d'étroits sentiers, coupés souvent de passages impraticables, même aux mulets.

Cet état de choses n'a pas toujours existé. On remarque, en effet, que beaucoup de sentiers ont été très bien tracés pour éviter les pentes trop fortes. On retrouve par places des traces de chemins assez larges avec des déblais considérables et des restes de pavage. On est surtout frappé par les ponts jetés sur les cours d'eau. Ces ponts sont souvent en belles pierres de taille. Il en existe surtout beaucoup dans la province de Cao-Bang, notamment ceux de Tra-Linh et de Tong-Hue qui ont trois et cinq arches en pierre.

Actuellement, chemins et ponts tombent en ruines; mais il serait facile de les réparer et de créer, à peu de frais, de bonnes routes muletières, sinon carrossables.

Les transports se font partout à dos d'hommes, surtout au moyen de coolies chinois qui viennent chercher du travail au Tonkin. Ces coolies sont très souvent des soldats réguliers chinois, envoyés par leurs mandarins, qui empochent leur solde pendant leur absence et prélèvent une certaine partie de leur salaire.

On comprend que, dans des circonstances semblables, le commerce soit peu florissant, il est surtout intérieur et local.

Le commerce intérieur se fait principalement sur les marchés qui ont lieu tous les cinq jours aux mêmes endroits.

Ces marchés sont très nombreux. Ils se tiennent le plus souvent en plein air ou sous de petits abris improvisés, au milieu des centres de population, et en des points où il est facile de se rendre. Les indigènes y arrivent de tous côtés pour vendre ce qu'ils ont en trop et pour faire leurs provisions. On y voit quelquefois plus de mille personnes.

On trouve sur ces marchés tous les produits de l'agriculture et de l'industrie locales : des céréales, des légumes, des fruits, des bestiaux, des volailles, des pièces d'étoffe, de l'indigo, du sucre, de l'huile, etc.

On y rencontre aussi quelques produits du commerce extérieur, apportés par des marchands chinois. Ce sont soit des marchandises fabriquées en Chine, telles que le sucre, le sel, les objets manufacturés en fer : marmites, socs de charrue, couteaux, quelques porcelaines , etc.; soit des produits européens, anglais ou allemands, venus par la Rivière de Canton.

Ces derniers produits sont généralement des cotonnades anglaises très légères, de petits objets manufacturés : aiguilles, épingles, fils, ciseaux, boutons, allumettes chimiques, lampes, capsules, couleurs à l'aniline, miroirs, etc.

Ceci m'amène à vous parler du commerce extérieur et de nos relations avec la Chine; mais, auparavant, permettez-moi de vous donner une idée d'ensemble de la géographie des régions chinoises voisines de la frontière.

Deux provinces chinoises, le Quǎng-Si et le Yun-Nan, bordent notre frontière. Elles sont séparées par des massifs montagneux qui prolongent la grande ligne de faîte de la région tonkinoise.

De ces montagnes s'échappent, vers l'Ouest, la Rivière

Claire et ses affluents de gauche ; vers l'Est, les diverses branches de la Rivière de Canton.

La Rivière Claire a peu d'importance. Les branches de la Rivière de Canton en ont beaucoup plus.

Deux de ces branches nous intéressent plus particulièrement ; ce sont :

1° La branche tonkinoise, celle qui se forme par la réunion des trois grandes rivières de Lang-Sơn, Cao-Bang et Qui-Thuan.

2° Un autre grand cours d'eau qui coule en Chine parallèlement au précédent et le rejoint à Nam-Ning-Phu pour y former le Si-Kiang. Ce cours d'eau a une grande importance commerciale, en ce sens qu'il ouvre une grande route entre le Quảng-Si et le Yun-Nan.

Ces rivières coulent dans des régions montagneuses analogues au nord du Tonkin.

Notre situation commerciale vis-à-vis de la Chine, dans les régions du Nord, a été réglée par une addition au traité de paix, nous concédant l'établissement d'un consulat français et d'une douane à Long-Tchéou et à Mong-Tze, et l'ouverture de plusieurs routes commerciales.

Ces routes sont, dans la région qui nous occupe :

1° La route de terre de Lang-Sơn à Long-Tchéou par la porte de Nam-Quan.

2° La route du Sông-Ki-Kong par Bi-Nhi.

3° La route du Sông-Bang-Giang par Thuy-Khau.

Le consulat français de Long-Tchéou a été installé au printemps 1889, et, depuis cette époque, les relations entre les autorités chinoises et les autorités françaises, déjà bonnes auparavant, se sont encore améliorées. De nombreux passeports ont été accordés à des officiers et à des fonctionnaires qui ont pu se rendre, sans être inquiétés, à Long-Tchéou, et ont été reçus avec beaucoup d'égards par les autorités chinoises. Les transports pour le ravitaillement entre la province de Lang-Sơn et celle de Cao-Bang se sont faits par Long-Tchéou, sans difficultés.

Le chemin de fer de Phu-Lang-Thuong à Lang-Sơn, prolongé jusque Na-Cham, point où commence la navigation, donnera à la voie de Sông-Ki-Kong une très grande importance et en fera la véritable route commerciale du Quảng-Si.

Actuellement, les marchandises n'y arrivent que par deux routes :

1° Le Si-Kiang que les bateaux mettent quelquefois plus de 50 jours à remonter jusque Long-Tchéou et dont la navigation, qui n'est pas très sûre, a été, à cause de cela, en partie abandonnée pour celle du Yang-Tse.

2° La route de Si-Kiang à Pa-Koi. Celle-ci est très difficile et traverse un pays montagneux, infesté de bandits qui rançonnent les marchands. Les transports s'y font à dos de coolies et demandent une dizaine de jours de la mer au Si-Kiang.

Les marchandises transportées par chemin de fer mettront un jour à peine pour gagner Na-Cham et se répandront de là par Long-Tchéou dans tout le Quảng-Si. Elles pourront même remonter de Nan-Ning-Phu vers le grand marché de Pê-Sê et le Yun-Nan, par la branche nord du Si-Kiang.

Outre ces routes ouvertes au commerce français, il existe, et il existait avant notre arrivée, d'autres routes commerciales suivies par les indigènes.

Dans le nord de la province de Cao-Bang, elles partent des points principaux de la frontière : Moxat, Tra-Linh, Trong-Khan-Phu et Ha-Lang et convergent vers Qui-Thuan, petite ville chinoise située à deux jours de la frontière. De Qui-Thuan, une route muletière gagne en quatre jours la préfecture de Tcheng-Ngan-Phu, et de là, également en quatre jours, le marché de Pê-Sê, où cesse la navigation de la branche nord du Si-Kiang et qui est le grand entrepôt du commerce entre le Quang-Si et le Yun-Nan.

Les communications entre Pé-Sê et le Yun-Nan ont lieu par terre, au moyen d'une route muletière qui conduit à Khai-Hoa, sur la Rivière Claire.

Bao-Lac est également réunie à Qui-Thuan par une route commerciale, très suivie autrefois.

Dans toute la région comprise entre Bao-Lac et Ha-Yang, le pays a été dévasté et dépeuplé, et les relations avec la Chine sont presque nulles. D'ailleurs, le pays est montagneux et difficile, et il en est de même dans la zone chinoise correspondante.

La vallée de la Rivière Claire ouvre une route commerciale importante avec Khai-Hoa et Mong-Tze.

Les chemins sont assez bons en Chine, et les transports se font facilement, à dos de mulets, entre Ha-Yang et Khai-Hoa. Les transports par eau sont impossibles.

En résumé, la région nord-est du Tonkin a trois grandes voies de pénétration en Chine : celle du Sòng-Ki-Kong et du Si-Kiang, ouverte au commerce européen ; celle de Cao-Bang à Pé-Sê par Qui-Thuan et Tcheng-Ngan-Phu, et celle de Ha-Yang à Mong-Tze par Khai-Hoa ; ces deux dernières ouvertes seulement au commerce indigène. Ces trois grandes routes sont réunies par la route transversale de Nam-Ning-Phu à Mong-Tze par Pé-Sê et Khai-Hoa.

Le réseau télégraphique du Tonkin se prolonge, par une ligne électrique ouverte au public, jusque Cao-Bang et, au delà, par des postes optiques réservés au service militaire.

Un fil télégraphique, partant du poste de Dong-Dang, établit depuis quelques mois la communication avec le réseau chinois qui suit la vallée du Si-Kiang et détache à Nan-Ning-Phu une branche sur Mong-Tze, par Pé-Sê et Khai-Hoa.

Mong-Tze est également rattaché par le télégraphe électrique à Lao-Khai, poste français sur le Fleuve Rouge.

Vous voyez quels seront les auxiliaires du commerce avec la Chine sur la frontière nord-est du Tonkin. Il n'attend plus, pour se développer, que l'ouverture du chemin de fer de Lang-Sơn.

Il est permis de croire que, les transports devenant par cette voie beaucoup moins longs, moins coûteux et plus sûrs, il s'y établira rapidement un grand courant commercial qui remplacera en grande partie celui de la Rivière de Canton et peut-être un peu celui du Yang-Tze.

Ce courant ouvrira de nouveaux débouchés aux produits de la région de Cao-Bang et en particulier aux richesses minières dont on pourra rétablir les anciennes exploitations avec avantage.

Le pays reprendra ainsi son ancienne prospérité, et les bandes de pirates chinois, qui l'infestent encore sur plusieurs points, ne tarderont pas à disparaître devant les progrès de la civilisation.

———

(Extrait du *Bulletin de la Société de géographie de l'Est.*)

Nancy, impr. Berger-Levrault et Cⁱᵉ.

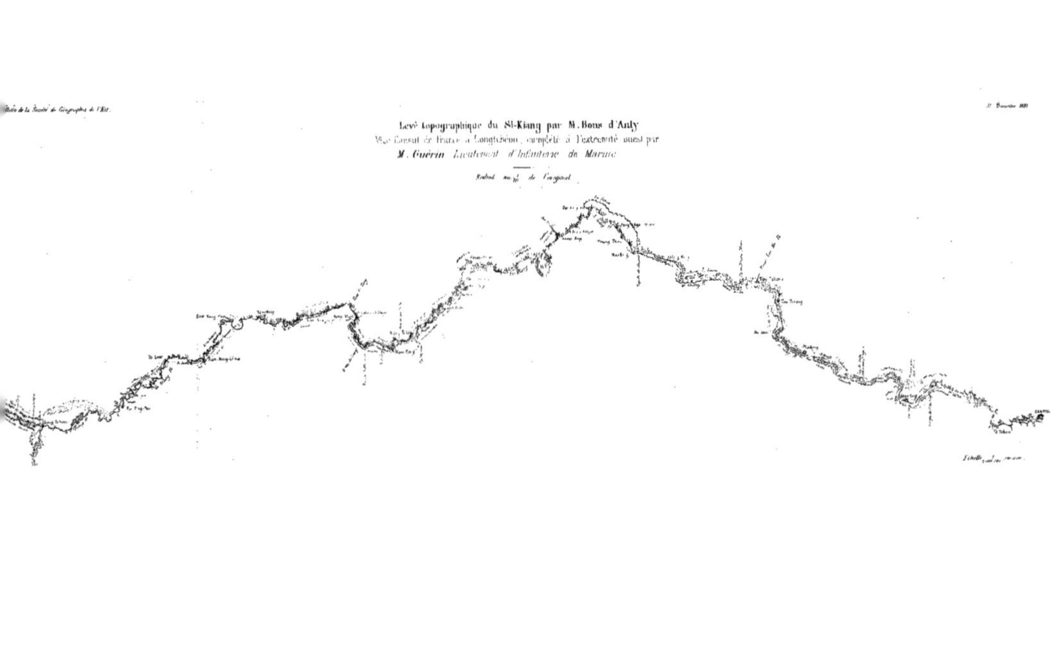
Levé topographique du Si-Kiang par M. Bons d'Anty
Vice Consul de France à Longtchéou, complété à l'extrémité ouest par
M. Guérin Lieutenant d'Infanterie de Marine

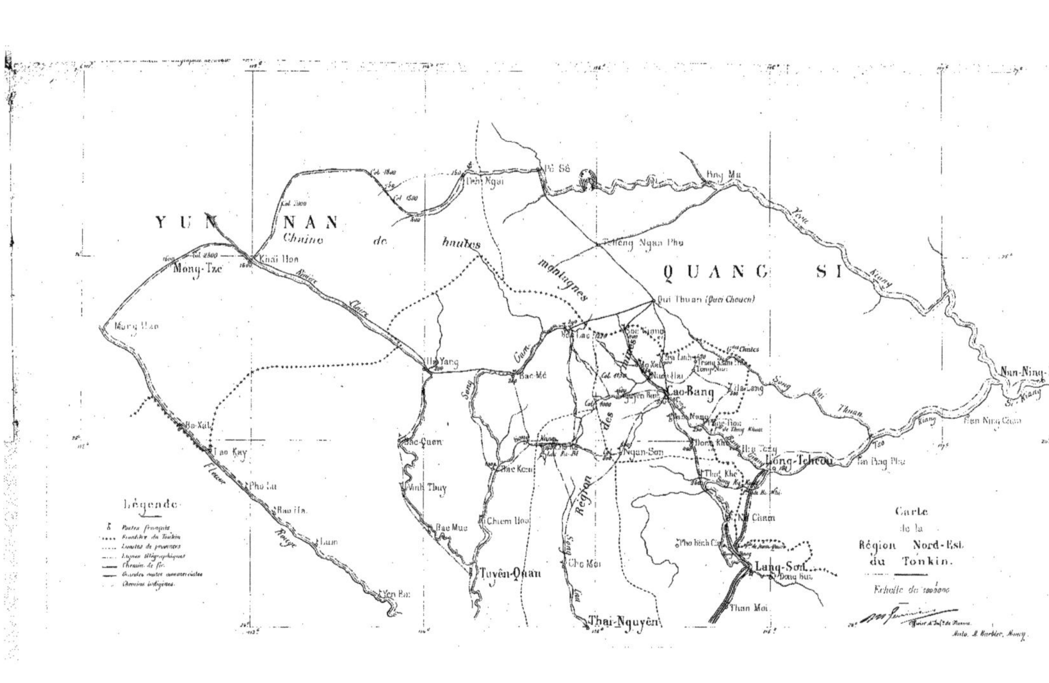

YUN NAN
Chaine de hautes montagnes
QUANG SI
Mong-Tze
Khai Hoa
Muong Hao
Ho Yang
Bac-Mé
Ba-Xat
Lao Kay
Pho La
Bao Ha
Lun
Yên Ba
Bac-Quen
Vinh Thuy
Bac Muc
Chiem Hoa
Tuyên-Quan
Cho Moi
Thai-Nguyên
Bac Kan
Than Moi
Dong Dan
Lang-Son
Pho Binh Gia
Na Cham
Dong Khé
That Khé
Ngan-Son
Na Ri
Nguyen Binh
Cao-Bang
Tong-Tcheou
Quang Hoa
Dong Mu
Tcheng Ngan Phu
Qui Thuan (Quei Choucn)
Lao Cai
Nan-Ning-Phu
Nan Ning Cuou
Pô Sé
Dinh Ngai
Région des
Fleuve Rouge
Claire
Song
Song
Kiang
Kiang
Légende
Postes français
Frontière du Tonkin
Limites de provinces
Lignes télégraphiques
Chemin de fer
Grandes routes commerciales
Chemins indigènes
Carte
de la
Région Nord-Est
du Tonkin.
Échelle de 1000000
Phot. E. Barbier, Nancy.

Île de Mayeuir — Soir dans le lac Ba-Bé
Auto. Albert Barbier, Nancy.

Auto. Albert Barbier, Nancy.

3e Trimestre 1897
Paysage de Cao-Bang et poste optique
Auto. Albert Barbier, Nancy.

2ᵉ Trimestre 1891.
Maisons d'un village Thô de la province de Cao Bang
Auto. Albert Barbier, Nancy.

9 782019 224905